MacLaren Clan Crest
Creag An Turic
The Boar's Rock

This Book Belongs To:

_____

Phone: _____

Email: _____

M

M

M

M

M

M

M

M

M

M

M

M

M

M

M

M

M

M

M

M

M

M

M

M

M

M

M

M

M

M

M

M

M

M

M

M

M

M

M

M

M

M

M

M

M

M

M

M

M

M

M

M

M

M

M

M

M

M

M

M

M

M

M

M

M

M

M

M

M

M

M

M

M

M

M

M

M

M

M

M

M

M

M

M

M

M

M

M

M

M

M

M

M

M

M

M

M

M

M

M

M

M

M

M

M

M

M

M

M

M

M

M

M

M

M

M

M

Made in the USA
Monee, IL
17 May 2022

96585858R00069